A árvore no quintal
Olhando pela janela de Anne Frank

A árvore no quintal
Olhando pela janela de Anne Frank

de Jeff Gottesfeld

ilustrações de Peter McCarty

tradução de Luiz Antonio Aguiar

7ª edição

GALERA
junior
RIO DE JANEIRO
2022

CIP-BRASIL. CATALOGAÇÃO NA PUBLICAÇÃO
SINDICATO NACIONAL DOS EDITORES DE LIVROS, RJ

G715a
7ª. ed.

Gottesfeld, Jeff
  A árvore no quintal: olhando pela janela de Anne Frank / Jeff Gottesfeld; ilustração Peter McCarty; tradução Luiz Antonio Aguiar. - 7. ed. - Rio de Janeiro: Galera Record, 2022.
  il.

  Tradução de: The Tree in the Courtyard: Looking Through Anne Frank's Window
  ISBN: 978-85-0110-989-7

  1. Ficção juvenil americana. I. McCarty, Peter. II. Aguiar, Luiz Antonio. III. Título.

16-38551
CDD: 028.5
CDU: 087.5

Título original:
THE TREE IN THE COURTYARD: LOOKING THROUGH ANNE FRANK'S WINDOW

Copyright do texto © 2016 by Jeff Gottesfeld
Copyright de arte de capa e ilustrações de miolo © 2016 by Peter McCarty

Publicado mediante acordo com Random House Children's Book, um selo da Penguin Random House LLC.

Ilustração da página 36 baseada em foto de Anne Frank sentada na mesa [Anne Frank Fonds Basel/Premium Archive/Getty Images].
Reprodução com permissão de Getty Images e da Anne Frank House.

Todos os direitos reservados.
Proibida a reprodução, no todo ou em parte, através de quaisquer meios.
Os direitos morais do autor foram assegurados.

Texto revisado segundo o novo Acordo Ortográfico da Língua Portuguesa.

Adaptação de capa e composição de miolo: Renata Vidal

Direitos exclusivos de publicação em língua portuguesa somente para o Brasil adquiridos pela
EDITORA RECORD LTDA.
Rua Argentina, 171 - Rio de Janeiro, RJ - 20921-380 - Tel.: (21) 2585-2000,
que se reserva a propriedade literária desta tradução.

Impresso no Brasil

ISBN 978-85-0110-989-7

Seja um leitor preferencial Record.
Cadastre-se e receba informações sobre nossos
lançamentos e nossas promoções.

Atendimento e venda direta ao leitor:
sac@record.com.br

Para Elisabeth
—J.G.

Para minha mãe
—P.M.

"Erguemos os olhos para o céu, muito azul.
Despidos de folhas e úmidos de orvalho,
os galhos do castanheiro-da-índia brilhavam.
As gaivotas e outras aves cortavam o ar
em velozes riscos prateados,
e nós ficamos tão encantados,
tão comovidos que perdemos a fala."
—Anne Frank

Aquela árvore no quintal viveu 172 anos.
Era um castanheiro-da-índia. Suas folhas eram estrelas verdes; suas flores, delicadíssimos cones branco e rosa. No outono, ela desprendia seus frutos espinhentos, que caíam ao solo. No inverno, seus galhos desfolhados abriam-se, como se fossem uma treliça, contra o fundo do céu azul pálido.

A árvore crescia junto a um dos canais da cidade. As gaivotas se reuniam sob sua sombra.

Na primeira metade da sua vida, seu mundo era somente o quintal. Ainda não era alta o bastante para enxergar para além das casas, lojas e fábricas. Mas, numa certa primavera, ela cresceu tanto que ficou mais alta do que os telhados alaranjados e pôde então ver a bela cidade.

Sem nada que a perturbasse, espalhou suas raízes, e seus galhos cresceram para o céu.

Foi então que a guerra começou.

Explosões estremeciam o solo. Projéteis rasgavam a noite.
Estranhos invadiram a cidade.

No primeiro inverno daquela guerra, um homem comprou uma das fábricas. Ele tinha mulher e duas filhas.

A mais velha era muito quieta e comportada. A mais nova era agitada e tinha cabelos negros. Quando iam à fábrica, esta ficava brincando perto do canal, ou escrevendo junto da janela da cozinha. Passava horas escrevendo. Mesmo quando o pai a chamava, ela continuava a escrever.

A árvore adorava quando a via.

Já fazia muito calor, aí pelo meio do verão, quando a menina deixou de aparecer. A árvore desprendia folhas e mais folhas, de tanta preocupação, até que certo dia avistou a menina no anexo da fábrica. A família dela estava lá também. Um outro pai, seu filho e a mulher logo se reuniram a eles. E depois, outro homem.

E um gato negro.

A menina e seu pai costuraram os rasgados de umas cortinas velhas e as penduraram nas janelas da frente. De vez em quando, um rosto aparecia por entre as frestas.

Somente na janela do sótão a árvore conseguia vê-la direito. Ali, a menina lia, acariciava o gato e penteava seu cabelo rebelde. E havia vezes em que ficava olhando para o céu. Mas, na maior parte do tempo, escrevia.

Vivia fazendo anotações num diário vermelho e branco.

Quando os aviões roncavam no alto e as bombas sacudiam o anexo, a menina corria para os braços do pai.

Ela jamais voltou a sair para o quintal. A árvore não entendia por quê. A guerra tornava-se mais e mais feroz.

Certa noite, por entre as cortinas, a árvore viu a família acender velas e cantar.

A menina ficava cada vez mais magra e mais pálida. Uma jovem ajudante, que trabalhava na fábrica, trazia canetas e papel para ela. E a menina escrevia sem parar, enchendo páginas e páginas.

No quarto inverno da guerra, a árvore viu o menino com a menina. Estavam conversando e rindo. Mas, em certo momento pararam, olhando para fora da janela do sótão, observando os galhos desfolhados da árvore, brilhando, úmidos de orvalho. E ficaram ali, parados, olhando, tão comovidos, tão encantados que perderam a fala.

Então, se beijaram.

Naquela primavera, a árvore deu flores extraordinariamente lindas.

Mas um dia, no fim de uma manhã de verão, homens de uniforme cinzento chegaram à fábrica. Rasgaram as cortinas das janelas do anexo, jogaram ao chão os papéis da garota e enfiaram as pessoas em carros negros que esperavam estacionados na rua.

Os carros partiram a toda velocidade.

    A jovem que trabalhava na fábrica recolheu os papéis da menina.
    E a árvore ficou esperando…

Verão, outono, inverno, primavera. As estações do ano iam passando...

A guerra terminou. Somente o pai voltou à fábrica.
Estava muito mais magro, os olhos cheios de tristeza.
Ficou andando pelo anexo, como alma penada.

A jovem ajudante lhe entregou os escritos da menina.
E ambos choraram.

A árvore foi tocando sua vida. Mas nunca foi a mesma.

Mais tempo passou. Para sua surpresa, outras crianças visitaram o anexo. Andaram por onde a menina havia andado e se sentaram onde ela se sentara. Algumas encontraram na calçada frutos com sementes, que o vento havia desprendido. Observavam a árvore, tão comovidas, tão encantadas que perdiam a fala.

Mais e mais crianças apareceram por lá, ano após ano.

No final daquele século, a árvore havia tido uma vida plena, rica. Estava pronta para morrer.

Pessoas desconhecidas apareceram, tentando salvá-la. Injetaram medicamentos em seu tronco. Podaram sua copa e lhe coletaram mudas. Construíram uma estrutura de aço para sustentá-la e colheram os frutos com sementes, como se fossem moedas de ouro.

A árvore lhes fazia lembrar quão pouco tentaram para salvar a menina.

No verão em que a menina teria completado oitenta e um anos, em meio a uma tempestade, um relâmpago rachou o tronco.

A árvore, assim como a menina, entrou para a história.
Assim como a menina, ela vive até hoje.

Suas sementes e mudas foram amorosamente replantadas. Uma delas cresce em Nova York, onde, no passado, se erguiam as Torres Gêmeas. Outra, num colégio do Arkansas. E muitas outras na Inglaterra, Argentina, França…

Pelo mundo inteiro.

Embora as novas árvores sejam ainda muito pequenas, crianças vêm sempre visitá-las. Elas costumam ler as palavras que a menina deixou escritas — acerca de uma castanheira-da-índia, num quintal, brilhando, coberta de orvalho —, e até mesmo tocam os troncos, ainda muito finos.

Nesses momentos, ficam tão encantadas que perdem a fala.

POSFÁCIO

A menina é Anne Frank. Durante a ocupação da Holanda, os nazistas deportaram para campos de concentração todos os judeus que capturaram. Anne e sua família se esconderam no anexo dos fundos da fábrica do pai, em Prinsengracht, 263, Amsterdã. Até serem denunciados e presos, em 4 de agosto de 1944, puderam sobreviver com a ajuda dos trabalhadores da fábrica, entre eles a jovem ajudante, Miep Gies. Então, após terem sido levados dali, Gies recolheu e guardou os cadernos e páginas soltas escritos por Anne.

Anne morreu de tifo, no campo de concentração de Bergen-Belsen, em março de 1945, três semanas antes de o campo ser desmobilizado. Otto Frank, pai de Anne, foi o único sobrevivente do anexo. Depois da guerra, Gies devolveu o diário a ele, que providenciou a sua publicação em holandês. A primeira versão impressa do diário apareceu em junho de 1947, e em 1952 ele foi publicado nos estados Unidos. Nas décadas seguintes, foi traduzido em setenta idiomas e continua sendo republicado até hoje.

O diário traz trechos em que Anne conta que costurou as cortinas rasgadas (11 de julho de 1942), seu terror em relação aos bombardeios (10 de março de 1943) e a celebração do grupo do Chanukah (7 de dezembro de 1942). Em três momentos, menciona o castanheiro-da-índia. A citação no início do texto é de 23 de fevereiro de 1944.

A despeito de um esforço de dez anos para salvá-la, a já tão antiga árvore sucumbiu no verão de 2010. Mudas dela foram plantadas nos seguintes lugares, dos EUA, todos famosos por sua relação com a luta pela liberdade e pela tolerância:

- Memorial & Museum 11 de Setembro, Nova York, Nova York
- Colégio Central, Little Rock, Arkansas (luta pelo fim da segregação, 1957)
- Monte Capitólio, Washington, D.C.
- Museu das Crianças de Indianápolis, Indiana (Parque da Paz Anne Frank)
- Universidade Estadual de Sonoma, Parque Rohnert, Califórnia (Bosque Memorial do Holocausto & Genocídio)
- Escola Distrital de South Cayuga, Aurora, Nova York (Casa de Harriet Tubman; Parque Histórico Nacional dos Direitos da Mulher)
- Centro do Holocausto pela Humanidade, Seattle
- Boston Common, Boston, Massachusetts
- Centro Memorial do Holocausto, Farmington Hills, Michigan
- Memorial Anne Frank de Direitos Humanos, Boise
- Centro Presidencial Clinton, Little Rock, Arkansas.

Outras mudas e sementes da árvore de Anne Frank foram plantadas pelo mundo afora.

Este livro foi composto na tipologia Perpetua,
e impresso em papel offset 150 g/m² na Gráfica Vozes.